Lecciones de sabiduría

Los 10 fantasmas de la mente y la certeza de una vida mejor

César Germán Quispe Esteban

EDIQUID

LECCIONES DE SABIDURÍA
Los 10 fantasmas de la mente y la certeza de una vida mejor

Editado por: Corporación Ígneo, S.A.C.
para su sello editorial Ediquid
Av. Arequipa 185 1380, Urb. Santa Beatriz. Lima, Perú
Primera edición, mayo, 2023

ISBN: 978-612-5078-89-6
Impresión bajo demanda

Hecho el Depósito Legal en la Biblioteca Nacional del Perú N° 2023-03387
Se terminó de imprimir en mayo del 2023 en:
ALEPH IMPRESIONES SRL
Jr. Risso Nro. 580 Lince, Lima

www.grupoigneo.com
Correo electrónico: contacto@grupoigneo.com
Facebook: Grupo Ígneo | Twitter: @editorialigneo | Instagram: @grupoigneo

Colección: Pensamiento

Contenido

Agradecimiento

Escribo este libro para que puedas liberarte del miedo y del trauma, la ansiedad y la preocupación, y puedas construir la confianza en ti mismo. La mayoría de los temores y pánicos son psicológicos: cuando deseas hablar, el miedo se interpone; pero es solo tu imaginación, no te preocupes. Es solo tu imaginación, no hay nada que temer. Si el miedo perece real, debes conocer cuál es su causa y puedas conquistarlo, y vivir una vida mejor: el miedo es una carga que se hace más pesada con el pasar de los años, el temor en la vida te impide desarrollar su potencial.

En primer lugar, me gustaría dar las gracias a Dios por darme la oportunidad de poder compartir la sabiduría con todos mis lectores.

En segundo lugar, agradecer a mi familia y a mis hijos, Jhoey Williams y Thomy Mhilan. Gracias por acompañarme y compartir los momentos más felices y hermosos en mi vida.

Eres el artista de tu vida, pero no dejes que las circunstancias tomen el control: cada ser humano es creador. Podemos cambiar nuestras vidas pues tenemos ese poder, no debemos convencernos de lo contrario. Pero hay algo en nuestra mente que nos lleva a seguir las mismas rutinas, a levantarnos a desayunar, ir rumbo al trabajo, conversar con las mismas personas, etc. Vale la pena preguntarse si tu entorno o tus pensamientos te controlan.

Hay quienes esperan que cambie todo por arte de magia, pero lo único que pasa es el tiempo y la vida. ¿Has pensado en dónde estabas hace diez años? Piensa en ello, ya que la vida pasa rápido y las oportunidades también.

Hoy, en algún punto del planeta, alguien se pregunta cómo logar un sueño o una meta que anhela. Muchas están esperando a que todo pase, como si fueran a vivir eternamente. Atrévete a dejar el miedo y a tomar la vida en tus manos.

Primera lección

«Así como el hombre es el fundo de su corazón así es él». Es decir: si muy en el fondo de su corazón usted es pobre, usted siempre será pobre. (...) Porque reyes piensan como reyes, ricos como ricos y pobres como pobres.

Cristóbal Jélvez N.[1]

Perezoso, ¿hasta cuándo has de dormir?
¿Cuándo te levantarás de tu sueño?
Un poco de sueño, un poco de dormitar,
Y cruzar por un poco las manos para reposo;
Así vendrá tu necesidad como caminante,
Y tu pobreza como hombre armado.

Proverbios 6:9-11

En la vida hay dos tipos de sufrimiento: uno es físico y el otro es mental. El físico es el dolor en el cuerpo, mientras que el otro es creado por el miedo a sufrir. Es decir, es autocreado. El miedo es intangible pero tu mente, que todo lo moldea y lo crea, puede

---

1 Jélvez N., Cristóbal. «La sabiduría financiera del rey Salomón: principios económicos que debemos entender». LinkedIn. Recuperado el 22 de febrero del 2023. https://www.linkedin.com/pulse/la-sabidur%C3%ADa-financiera-del-rey-salom%C3%B3n-principios-que-j%C3%A9lvez-n-/?trk=pulse-article&originalSubdomain=es.

imaginarlo y crea un monstruo que, aunque no sea real, jugará en tu contra si te dejas dominar por él.

De esos dolores mentales devienen tres emociones, esferas o cuadrantes, los cuales son:

- el mundo mental,
- el mundo emocional
- y el mundo espiritual.

La mayoría de la gente jamás se da cuenta que esos tres cuadrantes manejan su vida cotidiana y por eso están donde están. Solo se puede modificar esto reprogramando tu mundo mental, tu mundo emocional y tu mundo espiritual.

Una vez, alguien me dijo que el mundo emocional y el mundo espiritual son nuestros mayores enemigos en la vida, a los que tenemos que enfrentar.

Las enfermedades pueden matar a miles de personas, como por ejemplo la COVID-19. Pero muchas mueren porque están abrumadas por el miedo. Cuando miramos el futuro con ansiedad, esperando lo peor en lugar de esperar lo mejor, nos invade un sentimiento paralizante. Desde nuestro nacimiento, a menudo el miedo arroja una sombra oscura sobre nosotros, oprimen nuestra mente, debilitan nuestro sistema inmunológico, disminuye nuestra fuerza de voluntad y nos debilita en la batalla de la vida.

El enemigo número uno de cada ser humano es el miedo, pues ahoga la alegría y destruye los sueños. Y de esos miedos nacen fantasmas de la mente que no son reales, sino creados por el ser humano. En este libro te hablaré solo de 10 fantasmas que todo ser humano sufre de alguna u otra manera, ya sea cada uno de ellos o en combinación.

1. El miedo a la muerte.
2. El miedo a la vejez.
3. El miedo a la enfermedad.
4. El miedo a la pobreza.
5. El miedo al rechazo.
6. El miedo a la crítica.
7. El miedo a la vida.
8. El miedo a la pérdida de un ser querido o de un amor.
9. El miedo a la riqueza.
10. El miedo al tiempo.

Un ser humano sería afortunado si no sufriera de estos 10 fantasmas. Si tú tienes alguno de estos 10 fantasmas, no te dejarán desarrollar todo tu potencial. Busca ayuda rápidamente. Para poder encontrar la solución adecuada, dedica el tiempo a reflexionar, sobre todo a dar solución a tus problemas. Asimismo, hazte preguntas concretas como:

- ¿Quién eres?
- ¿Quién quieres ser?
- ¿Qué quieres tener?
- ¿Qué quieres compartir?
- ¿Cuánto vales como persona?
- ¿Cuál es tu propósito en esta vida?
- ¿Cuál es el motivo que te impulsa y te mantiene vivo?

Si no tienes la respuesta para ninguna de las preguntas que hay aquí, busca ayuda de inmediato. Un ser humano sin visión es como otro animal sin rumbo porque no luchas contra tus limitaciones.

Puedes conservar tus miedos y ser como el 80 % de las personas pero, en el mundo, las personas más exitosas del mundo superaron todo ese estado mental que nos limita y que no nos deja desarrollar nuestra potencial como seres humanos.

¿Estos 10 fantasmas son de la mente? No tienen una vida propia, sino que la mente los crea, son autocreados por cada uno de nosotros.

Segunda lección

El que anda con sabios, sabio será;
Mas el que se junta con necios será quebrantado.
Proverbios 13:20

Todos los dolores mentales son creados por el miedo a sufrir, el cual es autocreado. Pero tu mente, que todo lo moldea y puede imaginarlo, crea un monstruo. Si tienes miedo mental, todos tus miedos se verán alimentados día a día. Y, con cada día, cada experiencia, cada año, este miedo crece y te puede llevar a la ruina.

Si no te liberas de estos 10 fantasmas, no serás capaz de ser exitoso, no serás capaz de ser feliz en la vida. Son fantasmas que te tienen amarrado, atrapado en tu propia historia pues no tienen una vida propia sino que se alojan en tu mente. Son alimentados por el egoísmo, la envidia, la codicia y la frustración.

Mi historia

Quiero contarte un poco de mi historia para que puedas reflexionar y así deshacer el miedo que te domina.

Todo empezó cuando falleció mi mamá. Recuerdo que era la 1:30 a. m. Aproximadamente un 6 de agosto del año 2000, yo dormía junto a mi madre con mis hermanos. Mi padre entró y nos dijo que saliéramos a la otra habitación porque mi mamá estaba a punto de fallecer. Abrí los ojos y vi cómo mi madre se estaba muriendo. Solo recuerdo eso: cuando ella falleció, yo había convulsionado.

Me ganó el miedo, la desesperación, el temor de sentir que alguien amado se te va y que nunca volverás a verle. Estaba tan asustado que no recordaba nada cuando me desperté al día siguiente

Todo empezó desde ese día. El mundo cambió para mí en su totalidad porque sentí que mi alma se fue junto con mi madre. Ya no era yo mismo pues la tristeza me invadió en su totalidad. Ya no era ese niño feliz que conocían: me volví inquieto, trataba de llamar la atención de las personas porque quería un abrazo, uno que fuese como el de mi madre, lleno de amor incondicional. Yo ya no estaba completo.

Empecé recibir *bullying* tanto de mis compañeros del salón como de todo el colegio y algunos conocidos porque no era como ellos, alguien sano. Me decían enfermo mental porque siempre convulsionaba y otros me apodaban despectivamente *Maestro* porque siempre habla de la vida y lo repetían cada vez que pasaban a mi lado.

Cada vez que me decían enfermo mental, iba a llorar al cementerio a medianoche. No quería que nadie me viera. Lloraba y sufría por mi madre, le preguntaba por qué me abandonó, qué había hecho para merecer todo aquello. Dejaba todas mis quejas y reclamos en su nicho, siempre a medianoche, porque nadie caminaba a esa hora por el cementerio.

Tercera lección

Al que maldice a su padre o a su madre,
Se le apagará su lámpara en oscuridad tenebrosa.
Proverbios 20:20

Guarda, hijo mío, el mandamiento de tu padre,
Y no dejes la enseñanza de tu madre;
Átalos siempre en tu corazón...
Proverbios 6:20-21

El día de la sepultura de mi madre, yo no lloré por el miedo intenso que tenía. Me sentía con sueño, como si estuviese en una pesadilla y nada más. Me dolía mucho la mente, pero mi alma y mi corazón lloraban como nunca.

Mi trauma empeoró cuando tenía 13 años, el día que me acusaron de violar a una niña de 7 años. Su hermano mayor dijo que vio cómo pasó: mintió en mi contra y me pegaron como a un animal, como a un asno salvaje, hasta que mi propio tío se cansó de hacerlo.

Mi mente se oscureció. Ya no tenía sentido vivir la vida que llevaba. Lo único que quería era suicidarme, morir; así acabaría con toda mi desesperación. Lloré en silencio. Siempre buscaba la manera de quitarme la vida porque, aparte de ser enfermo y de estar convulsionado, ¿qué solución podía darme esta vida sin rumbo?

Un día, fui a visitar uno de mis tíos y tenía una Biblia en la mesa. La agarré sin autorización y lo primero que apareció en el libro de Salmos fue:

> El sol no te fatigará de día,
> Ni la luna de noche.
> Jehová te guardará de todo mal;
> Él guardará tu alma.
> Jehová guardará tu salida y tu entrada
> Desde ahora y para siempre.
>
> Salmos 121:6-8

> Los que confían en Jehová son como el monte de Sion,
> Que no se mueve, sino que permanece para siempre.
>
> Salmos 125:1-2

Esas frases me devolvieron las ganas de mantenerme con vida. Con el pasar de los años, siempre guardé rencor a los que me hicieron sufrir. Dije que algún día me las pagarían, pero no tenía un propósito real: vivía como esos animales que viven sin rumbo, que esperan que la vida mejore a pesar de los traumas que tenía. Nunca fui feliz, era un hombre sin visión. Un día, conocí un líder Gerson Chinoapaza, quien me ayudó a soñar y a conocer mi visión.

Mucho de lo que aprendemos es con dolor y ansiedad. Las cosas que aprendes con dolor no las disfrutas y lo que aprendes a la fuerza son lecciones difíciles. Nunca le recomendaría nada de esto a nadie y no es sorprendente que la gente se aleje del aprendizaje: no quiere pasar por un proceso que pueda ser doloroso, simplemente se guarda de la catástrofe o la deja para más tarde.

Sin embargo, debemos hacer frente a nuestros miedos para poder superar las adversidades.

Pero, primero, debes ser consciente de que no aprendes las lecciones que te da la vida a menos que tengas un impulso, un porqué y ese porqué es tu visión, el por qué estás con vida. Hay alternativas para eso: hay una búsqueda de conocimientos y eso es un antídoto para todo. Yo tenía escasos recursos, como la mayoría, así que el hecho de que la gente decida no buscar su visión no me sorprende: no entienden las consecuencias de no hacerlo, pues están convencidas de que hay una forma de enfrentar los miedos sin ella. No hay forma de hacerlo: los resultados son peores a futuro, te haces más pequeño y la lección se te hace más difícil. Por eso hay tantas personas frustradas.

Como muchas tradiciones religiosas que nos ilustran que la vida es sufrimiento, esta puede trascender. Esto es un proceso para que tengamos una vida mejor y, la forma de hacerlo, es persiguiendo cosas de valor para ti. Si no hay una proposición de valor, no tiene significado. El significado te guía en las catástrofes de la vida. Cada oportunidad que tengas debes tomarla tan rápido como puedas.

Cuarta lección

Oye, hijo mío, y sé sabio,
Y endereza tu corazón al camino.
No estés con los bebedores de vino,
Ni con los comedores de carne;
Porque el bebedor y el comilón empobrecerán,
Y el sueño hará vestir vestidos rotos.
Proverbios 23:19-21

Quien realmente puede calmarnos y nos puede liberar de nuestros peores temores, en especial en tiempos de crisis, como cuando debemos enfrentarnos a las dificultades de la vida, es Dios pues él dijo: «No te desampararé, ni te dejaré» (Hebreos 13:5).

Todos tenemos un fantasma, una sombra, una figura dentro de nosotros que tratamos de ocultar. Ese lado oscuro de tu personalidad egoísta, despiadada, cruel, egocéntrica. Todos tenemos ese lado, incluso yo. Dime: ¿qué oculta? ¿Qué máscara llevas hoy? ¿Dónde está esa versión buena de ti?

Las personas quieren ser aceptadas, por lo que viven aterradas de los fantasmas que llevan en sus pensamientos. Es por ello que, dependiendo del fantasma, cada día cambia su actitud como si fuera una máscara.

¿Qué tal si te digo que puedes usar tu sombra para transformarte? Puedes entrar en el miedo, abrazarlo, canalizarlo, bailar con él. Tal vez así, incluso, tu vida sería más plena.

El hombre no puedo creer o crear nada si no se libera de estos 10 fantasmas, los cuales generan pensamientos negativos que alimentan el egoísmo, la codicia y la envidia, entre otros antivalores que nos hacen daño como seres humanos.

Quinta lección

No te entremetas con el iracundo,
Ni te acompañes con el hombre de enojos,
No sea que aprendas sus maneras,
Y tomes lazo para tu alma.
Proverbios 22:24-25

De un impulso de pensamiento, tras haber hecho esta afirmación, hay que hacer otra de mayor importancia. Los impulsos de pensamiento del hombre comienzan a trasladarse de inmediato a su equivalente físico. Esos pensamientos, sean voluntarios o involucrados, son omitidos por personas mediocres, ya que pueden arruinar su éxito y determinar su destino financiero, empresarial o profesional. ¿Cuáles son estos pensamientos?

El miedo

¿Qué es el miedo? Es el enemigo número uno de la mayoría de las personas del mundo.

El miedo te aterrorizada cada vez que quieres lograr algo en tu vida y no te facilita el crecimiento personal.

La vergüenza

Este mal hábito retiene a muchas personas de hacer algo extraordinario con sus vidas. La vergüenza no solo impide tu crecimiento sino que también te limita a alcanzar tu máximo potencial.

Sí quieres emprender un negocio, ser youtuber o tienes un gran sueño, inevitablemente tienes que perder la vergüenza pues, para lograr grandes cosas, tendrás que enfrentar muchos riesgos. Solo los valientes y audaces logran salir adelante.

Cómo afrontar el miedo

Al miedo hay que evitarlo como si fuera un hombre, como a un examigo. A medida que nos mantengamos lejos de él, podremos lograr las metas propuestas y vamos a emprender en lo que decidamos. Yo hice todo eso: cada vez que hacía algo, empezaba a perder el miedo. Fui poco a poco. Con el tiempo, te darás cuenta que ya no tienes que prestarle tanta atención.

La zona de confort

Si quieres lograr algo diferente, tienes que hacer algo diferente. Si quieres lograr lo que nunca has logrado, tienes que hacer lo que nunca has hecho antes. Es muy simple. Si tu vida no es como quieres que sea en este momento, tienes que estar dispuesto a hacer algo para cambiarla.

Muchas personas buscan cambios en sus vidas, pero siguen manteniéndose en su zona de confort. Se siguen limitando a sí mismas y, por esta razón, no tienen éxito. Hacer algo diferente significa salir de tu zona de confort. Esto quizás sea incómodo, incluso a veces doloroso, pero si quieres realmente hacer un cambio en tu vida debes dejar este mal hábito. La decisión es tuya.

Sexta lección

El que camina en integridad anda confiado;
Mas el que pervierte sus caminos será quebrantado.
Proverbios 10:9

El miedo a la muerte

Este fantasma, el del temor a la muerte, asusta a todas las personas, más que los anteriormente mencionados en este libro. Es el más cruel de todos los temores de la humanidad. De hecho, nadie ha escapado de ella.

La muerte es algo que todos compartimos. Casi todo el orgullo, el temor o el fracaso de desaparecer se derrumban ante la mirada de la muerte, quedando solo los recuerdos y los legados que dejamos como personas que vivimos en este planeta.

Recordar que vamos a morir pronto es la herramienta más importante de la mente para todos aquellos que tienen algo que perder. La mayoría de la gente imagina lo que no quieren, por lo que usan su imaginación de forma destructiva al pensar en cómo van a morir. Es muy fácil saberlo cuando la gente te dice «Lo sé, lo sé, lo sé», pero no todo se sabe. ¿Tú lo sabes? ¿Cómo sabes cuándo sabes algo? Si no lo vives, no lo sabes. Entonces, esas palabras son muy, muy peligrosas.

Entonces, ¿qué es lo que sabes? No se trata de saberlo todo, yo mismo no soy un pensador original. No hay nada nuevo de lo que digo en este libro: todo lo aprendí de Napoleón Hill y de otros libros de empresarios exitosos como Tony Robbins, Robert Kiyosaki, Bob Proctor, Dan H. Pink.

En 2011 Steve Jobs muere a la edad de 56 años de cáncer de páncreas, dejando una fortuna de 7 mil millones de dólares y estas podrían ser algunas de sus últimas palabras...

«En este momento, acostado en la cama, enfermo y recordando toda mi vida, me doy cuenta de que todo el reconocimiento y riqueza que tengo no tiene sentido frente a la muerte inminente.

Tengo el dinero para contratar al mejor en la tarea que sea, pero no es posible contratar a alguien para que cargue mi enfermedad.

El dinero puede conseguir todo tipo de cosas materiales, pero hay una cosa que no se puede comprar: LA VIDA.

A medida que crecí, me di cuenta que un reloj de $ 300 y uno de $ 3 000 000 muestran la misma hora. Que con un automóvil de $ 150 000 y uno de $ 15 000 000 podemos llegar al mismo destino. Que un vino de $ 150 o uno de $ 1500 generan la misma "resaca". Que en una casa de 300 metros cuadrados o en una de 3000 la soledad es la misma».[2]

2 Grande Amarilla, A. (s. f.). Sin título. Recuperado el 3 de marzo del 2023. https://www.linkedin.com/posts/antonio-grande-amarilla_antoniogrande-grandesonrisas-antoniograndementoring-activity-6962609330655268864-IfVm/?originalSubdomain=cl.

La verdadera felicidad no proviene de las cosas materiales, sino del afecto que nos dan nuestros seres queridos. Espero que entiendas que, cuando tienes amigos o a alguien con quien hablar, esa es la verdadera felicidad.

La vida y la muerte te probará las veces que sea necesario, hasta cuando ya estés listo como persona.

Séptima lección

Sabiduría ante todo; adquiere sabiduría;
Y sobre todas tus posesiones adquiere inteligencia.
Proverbios 4:7

El miedo a la vejez

Este pensamientos suceden a partir de los 40 años en adelante, tanto en hombres como en mujeres, quienes empiezan a preocuparse profundamente por el reflejo de sus cuerpos desgastados.

El miedo a la vejez puede atraer pobreza para sus vidas o una mala salud. A ninguna persona le agrada la idea de envejecer porque se preocupa por su belleza, su sexualidad, la disminución de energía con el paso del tiempo. Se enfocan en lo que no les gusta y no quieren, más no se centran en lo que quieren y desean para su vidas.

El doctor Maxwell Maltz escribió un libro en 1960 llamado *De psicocibernética*. Es un libro increíble donde el autor indica que su mayor descubrimiento como cirujano estético-reconstructivo fue que, cuando trataba a un paciente en una cirugía de nariz o para remover una terrible cicatriz, notaba que luego había un cambio fenomenal en su personalidad. Sin embargo, también notó que en otros pacientes no sucedía lo mismo aunque hubiese un cambio físico fenomenal. Eso lo llevó a postular que tenemos dos imágenes: la que nos devuelve el espejo y la imagen interna.

Esta imagen, también conocida como autoimagen, controla nuestras vidas. Encontrarás personas que tienen una imagen muy pobre o una baja autoestima, quienes no te miran directamente a los ojos, temen estrechar la mano, son muy tímidos y retraídos, pasan la vida escondiéndose, no se quieren a sí mismos, no se conocen tampoco. Entonces, cuando una persona mejora su autoimagen, toda su vida cambia: sus ingresos y sus relaciones.

A estas personas no les gusta lo que ven en el espejo. En pocas palabras, no se agradan ellos mismos: se ven como personas calvas, con arrugas, de pechos pequeños o muy grandes, de hombros que no son lo suficientemente anchos. A muchos no les gusta lo que ven. Es entonces cuando se autocritican: «Estoy gordo», «Estoy flaco», «Estoy viejo», «Estoy feo». Son palabras duras que se dicen a ellos mismos, sin importar su sexo. Por ello, ser conscientes de nuestra autoimagen y aceptarnos puede ayudarnos a ser más amables con nosotros mismos, cambiar nuestros hábitos y percepción del mundo.

Octava lección

No reprendas al escarnecedor, para que no te aborrezca;
Corrige al sabio, y te amará.
Da al sabio, y será más sabio;
Enseña al justo, y aumentará su saber.
Proverbios 9:8-9

Otra causa del miedo a la vejez son las posibilidades de poder, libertad, el físico y la salud de los años que no se han aprovechado al máximo. El saber que se ha perdido el tiempo en cosas inútiles. Lo más contagioso en este mundo no es una acción positiva sino un pensamiento negativo, el cual puede crecer exponencialmente, aniquilar negocios y hasta empresas. Entonces, ¿cómo quieres enfrentar el miedo si tienes una autoestima por el suelo? Otra causa del miedo a la vejez es...

El miedo a la enfermedad

Es muy común escuchar esto en las personas, ya que es una consecuencia que se produce de un pensamiento negativo.

La mayoría tiene algún síntoma de enfermedad, el cual empeora con pensamientos negativos. Entonces ves a la gente a la espera de encontrar síntomas a una clase de enfermedad: es el hábito de probar todas las manías recomendadas por los demás, de hablar con gente negativa y enferma como si sus palabras tuvieran algo de valor. Hablan con personas que están operadas, que tuvieron un accidente, que poseen enfermedades, desórdenes alimenticios o que sufren de vigorexia por lo que realizan ejercicio y dieta en exceso. El hábito de hablar de las enfermedades con la gente, concentrando toda nuestra mente y esperando a ver si se produce su colapso nervioso de todo lo que escuchamos.

La enfermedad se produce de un pensamiento negativo, del dolor y el daño que provocaría. Por ello, postulo que los casos de nervios y miedo son enfermedades imaginarias autocreadas.

Hace mucho tiempo hablé con una señora de 30 años que afrontó una situación muy fuerte y dolorosa sobre la enfermedad de los pensamientos negativos. Trató de experimentar la enfermedad y habló con muchas personas enfermas y operadas. Me contó toda historia de cómo comenzó.

Ella deseaba tanto estar enferma pues veía que las personas enfermas eran bien atendidas o no hacían nada, por lo que siempre estaban descansando gracias a la recomendación del médico. Me dijo que nunca había encontrado descanso en su casa pues tenía hijos que atender, cocinar, lavar, planchar y atender a su marido; pero el deseo que tenía en su mente era un descanso recetado por un médico, por lo que enfermarse era su mejor deseo.

Un día se sintió mal y fue al médico: tenía vesícula biliar y no pasaría de tres meses de vida si no se operaba. Su mayor deseo de estar atendida y de estar en cama se había cumplido, pero con la expectativa de tener una operación ya no le gustó estar en cama y enferma. Cambió de parecer. Ella, que atendía a sus hijos y su marido, solo estaba cansada y aburrida. Lo vio bien por un día, pero ahora la muerte la estaba acechando. Cambió su deseo: quería vivir. Ese era el mayor deseo que tenía y le rogaba a Dios todos los días que la dejara vivir. Cuando se operó, palpó la muerte y la enfermedad en carne y hueso. Batalló con ellos. Me dijo que desear aquello era fácil, pero salir de ahí y levantarse fue difícil. Me dijo que todo se podía en la vida. Aquella señora se llama Shantal Laura.

Aquí vemos la manía de probar la enfermedad, de buscar un poco de simpatía con el sueño de una enfermedad imaginaria. Por ejemplo, la gente recurre a menudo a este hábito para evitar ir al trabajo: fingen una enfermedad para justificar el no asistir, cuando no es más que pereza provocada por un pensamiento negativo. Otros hábitos son el uso de alcohol y narcóticos para eliminar los dolores de cabeza, estrés y sobrepeso en lugar de eliminar la causa desde la raíz.

La enfermedad se relaciona con la pobreza, lo que preocupa constantemente ya que se debe pagar al médico del hospital, como en la historia de la señora.

El temor a la enfermedad interfiere con el ejercicio físico adecuado y una buena alimentación. Recuerda que la enfermedad interna se da por los alimentos que consumimos a diario y nuestros hábitos. La enfermedad de la mente se evita al alejarnos de las personas negativas que intoxican la vida. Lo más contagioso es este mundo no es una acción positiva sino la actitud negativa, y esta puede crecer exponencialmente. Desde ahí comienzan todas las enfermedades. Así que aléjate de esta clase de personas.

Novena lección

La boca del necio es quebrantamiento para sí,
Y sus labios son lazos para su alma.
Las palabras del chismoso son como bocados suaves,
Y penetran hasta las entrañas.
Proverbios 18:8

El miedo a la pobreza

El miedo a la pobreza está compuesto de dos caminos que conducen en direcciones opuestas. La riqueza y la pobreza son el bien y el mal, lo positivo y lo negativo, son dos direcciones diferentes.

La pobreza también es uno de los estados mentales que tiene cada ser humano. Es un pensamiento paralizante que desanima la iniciativa de una actividad y convierte al autocontrol en una imposibilidad.

Debido a los grandes problemas que enfrentamos, el ser humano atrae mentalmente a la pobreza con mucha facilidad, en especial cuando escuchamos a las personas que nos rodean. Por ejemplo, una de mis más grandes luchas fue que estaba rodeado de gente que decía que no podría lograr nada: era gente que se aferraba a la pobreza, que culpaban a sus padres, al Estado; todos tenían la culpa menos ellos mismos. Esta gente era la que me decía que no podría lograr nada. Es decir, esa fue mi mayor lucha: encontrar a alguien que me decía: «Sí, amigo» quien, al día siguiente, me decía «No, amigo. Es una locura, no puedes hacerlo aún». Son muy pocos quienes te dicen que lo hagas.

Quienes me decían esto era mi familia, la gente más cercana a mí, con quienes más tuve que lidiar. Cada vez que salía a cerrar otro negocio, todos me decían: «No necesitas hacer esto». La única persona que me alentó fue mi mentor: veía que él se esforzaba, a diferencia de mis amigos y mi familia quienes se aferraban a la negatividad de la pobreza.

Esta negatividad se basa en que no existe el dinero, en que no hay futuro. Si eres negativo, ¿cuál es la solución? No podemos pensar que no podemos lograrlo, ya que eso es alentar nuestros pensamientos negativos.

A continuación, te menciono algunas consecuencias de este miedo.

La indiferencia

Es la capacidad de resolver problemas dentro de un hogar o en el trabajo que se expresa a través de una falta de ambición. Esto se traduce en una tolerancia a la pobreza, pues se sienten muy cómodos con su baja autoestima y sus mentes negativas.

La desesperación y preocupación excesivas

Es la costumbre de juntarse con gente mediocre, competir y mirar al lado más negativo, hablar con ellos de posibles fracasos de la compañía o cualquier otro negocio en vez de concentrarnos en alcanzar el éxito deseado.

Procrastinación

Es la costumbre de dejar las cosas para el día siguiente, de buscar justificación para no realizar ese sueño tan anhelado por nuestras propias dudas, el no querer aceptar la responsabilidad a causa de la negatividad y la preocupación de que pase mucho tiempo y nunca tener los planes precisos.

Así, pues, es en este lugar donde te plantearás un desafío mediante la determinación. De forma definitiva te convertirás en profeta y pronosticarás, con exactitud, lo que te reserva el futuro.

Si estás dispuesto a aceptar la pobreza será mejor que prepares tu mente para recibir pobreza. La riqueza se trata de una decisión que tomas con determinación si te lo exiges a ti mismo con una mentalidad positiva.

Décima lección

Los pensamientos del diligente
ciertamente tienden a la abundancia;
Mas todo el que se apresura
alocadamente, de cierto va a la pobreza.
Proverbios 21:5

El miedo al rechazo

Este es uno de los temores que más sufre un ser humano. Este término hace referencia a las circunstancia en las cuales un individuo es excluido de una relación social; es cuando una persona recibe un rechazo (es algo que a todos nos ocurrirá alguna vez en la vida) sea grande o pequeño.

El rechazo nos afecta a todos. No hay peor sentimiento que sentirnos excluidos: es una sensación que nos corta el corazón. Conozco gente adulta que vive traumatizada, que vive derrotada, incapaz de creer en la vida, de luchar, de vencer. Esto se debe a que fueron rechazados de niños. No hay peor marca en la vida que el rechazo, ya que el autoestima baja hasta los suelos.

Como cuando presentas tu currículum y vas con altas expectativas pero te encuentras con un No. No hay cosa más dolorosa que eso: cuando procuras un empleo y te dicen «No» en tu cara. Cuando alguien escoge de entre una fila y tú te quedas por fuera. No hay dolor más terrible que el rechazo. Perece que no duele, pero te sientes como polvo, te sientes pequeño, te sientes destruido, te sientes como un castillo que se vino para abajo.

Pero no hace falta que el rechazo sea por cosas importantes o insignificantes, como pasa entre parejas, en la universidad, colegios o clubes deportivos. El rechazo duele pero es imposible evitarlo por completo. Pero tampoco sería bueno hacerlo con personas de baja autoestima y que tienen miedo al rechazo, ya que tienen garantizado que nunca conseguirán nada porque no se atreven a intentarlo.

Esta clase de negatividad siempre la encontrarás en personas que se creen superiores a las otras.

Cómo afrontar el miedo al rechazo

Porque con ingenio harás la guerra,
Y en la multitud de consejeros está la victoria.
Proverbios 24:6

Cuanto más aprendas a manejar la capacidad de desarrollar tus pensamientos positivos, menos te afectará el rechazo.

Sé sincero

Contigo mismo, ya que debes aprender a reconocer el rechazo en ti mismo, en lo más profundo de tu corazón.

No trates de ignorar el dolor o de fingir que no te duele en vez de rechazar esos pensamientos. Percibe la intensidad de tus sentimientos: si te ha desgastado este rechazo, llora un poco; si quieres una forma natural desahogarte o te sientes excluido, busca ayuda o a alguien que no te rechace.

No sufras el miedo al rechazo. Recuerda que:

1. Es posible que alguien comprenda por lo que estás pasando y cómo te sientes.
2. Esta persona te obligará a transformar tus sentimientos y pensamientos de forma positiva.

Sé positivo

Esto es lo más contagioso en los pensamientos negativos. Cuando nos enfrentamos a una emoción muy dolorosa al ser rechazados, es fácil que no quedemos con la autoestima por los suelos y pensamientos negativos, destructivos y obsesivos. Pero revivir la experiencia una y otra vez no solo seguirá haciéndonos más daño, sino que hará todavía más difícil el rechazo.

Por lo tanto, admite cómo te sientes sin obsesionarte. Evitar hablar o pensar en ello a todas horas. ¿Por qué? Pues el pensamiento negativo influye en nuestras acciones y en lo que esperamos, lo que puede provocar más rechazo.

Reconoce el mérito de haberlo intentado y no pierdas la perspectiva. Saca provecho del rechazo, ya que es una oportunidad para considerar si hay cosas en las que deberías trabajar. Eso está bien.

Plantéate bien tus metas aún si están por encima de tus habilidades, sé una persona con una mentalidad positiva y sé cada día una mejor persona. ¡Adopta una actitud y mentalidad positivas!

Se necesitan muchas agallas para seguir adelante después de experimentar el rechazo, pero si estás realmente obsesionado, no tendrás otra opción. Todo el mundo tiene miedo al fracaso, pero las únicas formas legítimas de fracasar son rendirse o no pensar nunca. No esperes la perfección puesto que tu primer intento no será perfecto. Sin importar las horas, los días, los años que dediques, solo sé tú mismo. ¡Inténtalo!

Onceava lección

El hombre sabio es fuerte,
Y de pujante vigor el hombre docto.
Proverbios 24:5

El miedo a la crítica

Es uno de los fantasmas mentales que el hombre o la mujer experimentan de alguna u otra manera. La gente se comporta bajo la influencia del temor a la crítica a causa de otras que son mezquinas de la vida.

Estas personas suelen seguir las modas, lo que sale casa mes, con el fin de ser aceptados y no ser criticado en la sociedad en la que viven.

Todos tenemos una sombra, una figura dentro de nosotros que tratamos de ocultar. Esa sombra se apropia de nosotros, usando el miedo a la crítica, y por eso nos quedamos donde estamos.

Cómo responder a una crítica destructiva

Aquí va una historia de Marilyn Monroe sobra la crítica.

> En 1950, una periodista criticó a Marilyn Monroe diciendo que solo se veía hermosa gracias a sus vestidos súper costosos [sic]. En respuesta, Marilyn hizo una sesión de fotografías usando un costal de papas.

> Esto demuestra que si te tiran ladrillos, con ellos construye castillos; y si es estiércol, conviértelo en abono para las plantas de tu entrada.
>
> La gente podrá decir lo que se le antoje de ti, pero si te amas lo suficiente, no permites que te afecten esos rumores, simplemente sigues con la cara en alto; al final, no tienes qué demostrar lo contrario. Solo a la que ves en el espejo día a día y a esa persona es la que debes hacer sentir orgullosa de todo lo que has hecho en tu vida, con errores incluidos, porque de ellos aprendes a ser menos pendeja cada día.[3]

Vale mil veces más tu paz mental que una crítica, ya que ni siquiera te dan o te pagan por ella. Estas personas malintencionadas ni siquiera saben sobre tu vida, sobre tu historia, sobre todas las cosas que pasaste ni todo el proceso que desarrollaste; solo saben criticar a otras personas y ese es su trabajo, día a día, para poder justificar que son mejores que los demás, cuando ni siquiera saben cómo van a terminar algún día. Es gente que no te consta sean sinceras. Puede que estén cerca de ti, pero a tus espaldas empiezan a criticarte y a decir cómo deberías de ser.

Busca tu tranquilidad, quiérete solo a ti mismo. La gente que hace menos que tú te podrá criticar, ya que la gente mediocre solo hace esto, hablar, y nada más. Recuérdalo siempre.

---

3 Be Fit (19 de noviembre del 2022). «¿Cómo responder a una crítica destructiva?». Recuperado el 7 de marzo del 2023. https://www.facebook.com/permalink.php?story_fbid=pfbid0FyScEYMweGDw1QXUyWuesEptqQYqvtj6QNT2pB274SFSJx2XxZwW4eRagkFcRztjl&id=100052440589338.

Doceava lección

El que recoge en el verano
es hombre entendido;
El que duerme en el tiempo de la siega
es hijo que avergüenza.
Proverbios 10:5

El miedo a la vida

La mayoría de las personas tienen miedo a vivir, le tienen miedo a la vida, por lo que no tienen un futuro, una visión y se preguntan: «¿Qué será de mi vida?», «¿Qué puedo hacer?», «Ya estoy demasiado viejo», «Mi tiempo ha pasado», «Ya es demasiado tarde para empezar».

Nadie nace en esta vida solo por nacer. Todos los seres humanos que nacen en este mundo, incluyendo tú y yo, vinimos a este mundo porque Dios tiene un plan para nosotros. Tú estás vivo no porque un día tu padre y tu madre tuvieron una noche de amor, sino que estás vivo porque Dios quiere que estés bien. Dios tiene un plan para tu vida.

Mientras no descubras cuál es el plan que Dios tiene para tu vida y puedas seguirlo, nunca vas ser feliz ya que estarás yendo de un camino a otro intentando entender en qué consiste tu plan de vida. La felicidad consiste en entender cuál este plan maravilloso de vida.

La ley de la vida

Cuando no plantas nada, crece la maleza. Así funciona la mente. La vida le da a quienes dan y les quita a quienes quitan. Es la ley del éxito, es la ley de la vida.

Se los probaré. Aquí hay un jardín: cuando plantas rosas, ¿qué obtienes? Obtienes rosas, ¿verdad? ¿Qué tal si no te tomas el tiempo para cuidar del jardín? Si ni siquiera le prestas atención, ¿qué sucede? Crece la maleza. Si no plantas, nada crece, excepto la maleza. Así funciona la mente si no la alimentas como es debido.

Debes alimentarla con positivismo, motivación, inspiración, algo que te lleve hacia tus metas, información práctica y útil. Si no lo haces, solo crecerá la maleza en tu mente. Por eso, en lo personal, no veo el noticiero ya que muchas veces solo muestra negatividad y está diseñado para llamar la atención mediante el sensacionalismo. No produce nada en tu vida, no agrega valor, no te hace mejor persona, solo te asusta. Si ves mucho el noticiero, ni siquiera quieres salir, no quieres hacer nada. No veo el noticiero a menos que sea algo lo suficientemente importante, pues mi equipo o alguien más me lo dirá tarde o temprano. La mayoría de las veces no sé qué está pasando, pues me concentro en lo que hago. Quiero proteger mi filtro: soy muy cuidadoso sobre cómo va el mundo y cómo mejoro mi filtro. ¿La vida siempre es muy justa? ¿Le da a quienes dan y le quita a los que quitan? Como dice Tony Robbins, hay que dar para recibir.

Treceava lección

No traspases los linderos antiguos
Que pusieron tus padres.
¿Has visto hombre solícito en su trabajo?
Delante de los reyes estará;
No estará delante de los de baja condición.
Proverbios 22:28-29

Hijo mío, no te olvides de mi ley,
Y tu corazón guarde mis mandamientos;
Porque largura de días y años de vida
Y paz te aumentarán.
Proverbios 3:1-2

El miedo a la pérdida de un ser querido o un amor

Este temor es uno de los fantasmas que más daño causa a los seres humanos.

Este fantasma a mí me dominó durante veintisiete años. Estuve atado a este fantasma por la pérdida de mi madre. Hay quienes han perdido el amor de su vida. Es difícil decirle adiós a un ser querido cuando realmente lo amas.

Alguien alguna vez dijo que, cuando entregas tu amor y cariño por completo, jamás vuelve entero. Si alguna vez en tu vida amaste de verdad a alguien, te habrás dado cuenta que te sientes como si se llevarán una parte de tu vida cuando esa persona ya no está tu lado. Algo desaparece para siempre y no vuelve más. Ya no vuelves a ser el mismo.

Es una sensación de vacío que solo el tiempo nos puede ayudar a sanar. A menos que te enfoques en tus emociones, es difícil decir adiós cuando realidad lo que quieres es quedarte. Por eso, me gustaría compartirte algo que debes saber y que es muy importante: tanto tú, como yo y todas las demás personas, sin excepción alguna, somos seres completamente emocionales por naturaleza. Aunque es muy complicado evitar que una situación nos provoque una emoción, sí es posible gestionarla en cuanto a su duración y su intensidad. Es decir, no podemos evitar no sentir, pero sí podemos decidir qué hacer con lo que sentimos. Esa es la diferencia.

Eso lo puedes lograr mediante la inteligencia emocional. Una persona inteligente desde un punto de vista emocional sabe a la perfección cuáles son sus fortalezas y también sus habilidades. Asimismo, ha aprendido escuchar y entender a los demás con algo muy importante y que muchas personas carecen hoy día: empatía.

La empatía es muy necesaria, pero en la actualidad está en carencia. Por ese motivo, aunque una persona viva una tristeza o esté sufriendo por una pérdida, alguien con empatía y cariño hacia esta persona puede darle confianza en su futuro. Sabe que, con el tiempo, tiene que despedirse en algún momento, por lo que contar con apoyo puede hacer más llevadera la situación.

Eso es lo que yo deseo para ti, que puedas desarrollar habilidades en tu vida y puedas enfrentar con inteligencia los momentos más difíciles de tu vida. Es cierto que ya no podemos hacer absolutamente nada ante la muerte, solo podemos aceptar esa pérdida, ya sea ante la muerte o solo una ruptura de pareja, de forma realista y buscar los medios para gestionar esa emoción.

En las relaciones de pareja, de amigos o familiares siempre debe existir un límite de entrega para evitar situaciones perjudiciales. Walter Riso dijo en alguna ocasión que crear una relación dependiente significa entregar el alma a cambio de amor y cariño. El autor se fundamenta en creencias que te harán feliz, que te darán seguridad y sentido a tu vida. Sin embargo, yo tengo mi propia creencia: si vives un vínculo de este tipo, nunca estarás preparado para la pérdida y no aceptarás que la otra persona se aleje. No aceptarás que se rompa la relación o que la situación cambie porque la pérdida te hará sentir vacío y sin rumbo. Te sentirás completamente perdido.

Lo peor del apego es que te hace infeliz e impide que tengas respeto en ti mismo y tus valores, ya que tienes miedo a perder lo que deseas: pierdes la alegría porque inviertes todos tus recursos; tu energía cuando te dedicas en exceso a otra persona, dejando de lado por completo tu vida, dejando de lado lo que te gusta hacer. Sabes perfectamente a lo que me refiero y sabes que lo más triste de todo es que esa persona puede olvidarte o pasar de ti. Por eso la clave es aprender a soltar a tiempo, aprender a dejar ir, aprender a soltar a lo largo de tu vida.

Es importante tu capacidad para dar y ser generoso, aparte de cómo eres como ser humano, pero también es importante saber manejar las herramientas necesarias para gestionar esas pérdidas: tienes que hacerlo con sabiduría y aceptar que los cambios forman parte de la vida, de los procesos de decir adiós a una persona, a un trabajo, a una relación. Yo sé que es algo muy difícil y es una acción a la que nos enfrentamos continuamente en nuestras vidas: es importante afrontar esos momentos con valentía pero, sobre todo, con mucha inteligencia emocional.

Esta habilidad es necesaria para evitar un sufrimiento excesivo, una sensación de pérdida que nos afecte negativamente para siempre. Nada te hace perder más energía que resistir y pelear por una situación que no puedes cambiar, nada. Por eso, por favor permítete sentir y salir de tu dolor. Quizás no me creas, pero todavía hay muchas personas que se apenan por llorar en público, muchas personas que reprimen sus sentimientos y sus palabras, que reprimen sus emociones y su dolor. Sin embargo, para dejar ir, para poder soltar a alguien o soltar tu pasado, es importante dejar salir todo el dolor: si es necesario llorar para que eso suceda, entonces llora. Haz todo lo que sea necesario pero sin resentimientos.

No lo tomes personal pero muchas veces, cuando estamos en el dolor, nos cuesta trabajo ver las cosas con claridad. Tómate un espacio y un tiempo para hacerlo. No tienes ninguna prisa. Esas heridas que tienes llevan su tiempo en sanar. Por eso, enfócate en ti. Permítete ser un poco egoísta y dedica un buen rato en tu mundo interior para verte a ti mismo. Tienes que aprender a mirarte sin culpa.

Catorceava lección

Ve a la hormiga, oh perezoso,
Mira sus caminos, y sé sabio;
La cual no teniendo capitán,
Ni gobernador, ni señor,
Prepara en el verano su comida,
Y recoge en el tiempo de la siega su mantenimiento.
Proverbios 6: 6,8

Mía es la plata, y mío es el oro,
dice Jehová de los ejércitos.
Hageo 2:8

El miedo a la riqueza

Cada miedo está sujeto a su propia fórmula o creencias, valores y actitudes: tu miedo a la riqueza fue almacenado en tu subconsciente desde que eras niño. A lo largo de la vida, muchas personas quieren ser ricas, pero pocas lo logran porque en realidad tienen miedo: cuándo tienen un poco de dinero, les crece el ego, el orgullo y eso los lleva a tener problemas con cada persona que se cruza en su camino. No saben cómo manejar esta sensación, pues la codicia crece. Cuando nos damos cuenta de esto, dejamos de intentarlo. Nos relajamos y, día a día, desarrollamos hábitos que nos llevan a un pobre desempeño y al fracaso.

Nos conformamos con mucho menos de lo que en realidad somos capaces. Para todos nosotros, el éxito de cualquier proyecto nos representa riqueza, lo cual está altamente relacionado con cuánta tensión pongamos en nuestros proyectos. Nos damos cuenta de que el sistema de recompensas es interno porque nace del mundo emocional.

Otra vez, es un concepto malinterpretado pues se basa en la idea de que todos podemos tener lo que deseamos. Sin embargo, tenemos miedo a la riqueza. Muchas personas tienen lo que yo llamo «síndrome de objeto brillante»: si obtienen una cantidad de dinero, siempre tienen el miedo de ser asaltados por los ladrones y se condenan a vivir una vida vacía, sola y miserable. Ante esa perspectiva, elegimos no ser ricos.

A su vez, hay quienes tienen miedo a la riqueza porque lo ven como algo que nunca pasará. La riqueza es una determinación que no malgasta el tiempo. La fortuna es caprichosa para los que no estén preparados. Es una diosa malvada que no favorece siempre a las mismas personas; por el contrario, lleva a la ruina a casi todos los hombres.

Vi a mi alrededor todas las buenas cosas que me podrían dar felicidad y satisfacción, y me di cuenta de que la riqueza aumentaba el poder de esos bienes. La riqueza es un poder que hace posible muchas cosas: te permite amoblar una casa, te permite navegar por mares lejanos, te permite degustar finos manjares de lejanos países, te permite comprar adornos de los mejores joyeros, todas esas cosas y muchas otras más que procuran placer a los sentidos y satisfacción al alma.

Así como Jesús siempre nos habló de economía, debemos recordar que 16 de las 38 parábolas de la Biblia hablan sobre cómo debemos administrar nuestras finanzas de forma efectiva. Para que podamos seguir el camino correcto de la economía, podemos remitirnos a los más de 2300 versículos que hablan sobre el dinero; así que si tienes alguna duda sobre cómo administrar tu dinero, si necesitas ayuda o un consejo, simplemente abre la Biblia y lee con atención este libro sagrado. Así te darás cuenta de la relación que hay entre el dinero y nuestro crecimiento como personas a través de nuestro manejo del dinero.

El dinero es un indicativo exacto de nuestro carácter. Dice Mateo 6:24: «Ninguno puede servir a dos señores; porque o aborrecerá al uno y amará al otro, o estimará al uno y menospreciará al otro. No podéis servir a Dios y a las riquezas». Esto hace referencia a que nunca podemos ni debemos venerar a Dios y al dinero, ya que incluso la Biblia dice que la raíz de todos los males del mundo es el amor al dinero.

Las santas palabras nos recuerdan que no podemos olvidar a Dios solo por dinero: si él estuvo para nosotros en nuestros momentos más difíciles, no podemos olvidarlo en los mejores. Esto nos lleva al punto siguiente: debemos estar atentos a cuando nos volvamos avaros y codiciosos con el dinero porque si eso llegara a suceder, entonces sería un llamado de atención para reencontrarnos con Dios y retomar una relación sana con el dinero.

En Marcos 7:15 leemos: «Nada hay fuera del hombre que entre en él, que le pueda contaminar; pero lo que sale de él, eso es lo que contamina al hombre». Esto se refiere a la relación que tienen muchas personas con el dinero, aquellas que se volvieron ricas, por ejemplo. No podemos afirmar y decir que cambiaron por la fortuna, sino que ya eran así y el dinero despertó lo peor de ellos.

Es importante que alimentemos nuestra mente, alma y corazón ya que, el hecho de que tengamos dinero, no quiere decir que tengamos que cambiar nuestra esencia o quiénes somos. En estos momentos, vale la pena recordar el siguiente principio: el dinero, las posesiones y todo lo que tenemos fue hecho y proviene de Dios, quien nos permite asegurar nuestro lugar en los cielos al hacer un presupuesto y respetarlo. Debemos planificar por adelantado y ahorrar para gastos futuros, estos son componentes claves para armar un presupuesto. Además, nos permite saber cuánto podemos usar y cuánto ahorrar. Siempre ten en cuenta los siguientes pasos:

1. Ahorra un 10 % de los ingresos. Es importante que empieces con un pequeño porcentaje de ahorro para que puedas dar inicio a tus proyectos.
2. Atrévete invertir luego de que te haya sobrado la cantidad de dinero que necesitabas. Es el momento para darle movimiento a ese dinero y la mejor forma es a través de la inversión. De esa manera, tu dinero se revaloriza y será beneficioso para tu bolsillo.
3. Compra algo rentable o invierte en tu propio negocio. Compra activos rentables, es decir, ten distintos medios de ingreso para que tu dinero se mantenga en movimiento y se multiplique.

Estos consejos nos indican que, de acuerdo a las recomendaciones económicas de Dios, lo mejor es que seamos precavidos con el dinero y que sepamos usarlo sabiamente, a nuestro favor, en nuestro propio beneficio y de forma inteligente. Usar el dinero con discreción y ayudar a otros son pilares que Dios utiliza para recordarnos, a través de la Biblia, que no es malo ser rico, pero sí lo es amar el dinero por encima de todas las cosas, incluyendo nuestro Padre Celestial.

Según la Neurociencia, el estrés y el nerviosismo, al comenzar algo, impiden que te concentres en tu proyecto así como que te concentres en lo que debes realizar, llegar a la puerta de la concentración y ver si se ve recompensado tu esfuerzo. Debes sentir placer y entusiasmo durante tu esfuerzo. Es allí donde aparece la regulación de la adrenalina en el sistema, pero vas seguro por el camino hacia la riqueza.

Cambia tus pensamientos. El objetivo en tu vida es que todos tus atributos trabajen alineados para que triunfes. Es hora de que estés bien contigo mismo, es hora de que seas feliz y vivas apostando a tus talentos e inteligencias. Solo debes integrar un conjunto de creencias que te impulsen hacia la riqueza y no hacia el miedo.

Quinceava lección

Hijo mío, está atento a mi sabiduría,
Y a mi inteligencia inclina tu oído.
Proverbios 5:1

Todo tiene su tiempo, y todo lo que
se quiere debajo del cielo tiene su hora.
Eclesiastés 3:1

El miedo al tiempo

Todos los demás temores se afirman en este último, el tiempo. Para todo hay una temporada y para todo propósito bajo el cielo hay un tiempo. Todas las cosas tienen una temporada, todas. Esa es una de las mejores noticias que recibido en mi vida. Cuando entendí esto, era un adolescente y cambió mi vida.

Déjame decirte que si estás en un mal momento, este no puede durar: si no puedes encontrar un trabajo, eso es solo una temporada; si no tienes dinero o estás en quiebra, es solo una temporada. Recuerda que nunca debes tomar una decisión permanente para un problema temporal. Hay tiempos para:

- nacer,
- morir,
- edificar,

- destruir,
- plantar,
- arrancar.

Muchas veces le pregunto a algún amigo qué está haciendo y me responde que está haciendo tiempo, es decir, está «matando» vida. ¿Cuántas minutos has perdido? Hay quienes dicen que no lo quieren, que les impusieron 60 segundos que no desean, que no pueden rechazar, que no buscaron y que no eligieron. Depende de nosotros cómo usemos nuestro tiempo, si queremos sufrir o si lo perdemos. Un minuto contiene toda la eternidad.

El truco es que no sabemos cuánto tiempo nos queda. Desconocemos el futuro y el pasado se fue. Lo único que puedes hacer es lidiar con el ahora, el presente. Pero, si te fijas, el tiempo siempre está en movimiento. Piensa en eso.

Yo trabajaba en un gráfico que tengo en mi computadora y pensaba en la vez que alguien me dijo: «Oye, ¿tienes un minuto?». En realidad no quieren un minuto. Nadie sabe cuánto tiempo nos queda a futuro, pero sí sabemos lo que tenemos ahora. Descubrí que las personas que toman decisiones son las más exitosas. El éxito es la realización progresiva de cada minuto, de cada día, de cada año.

La idea es que, si nos concentramos en ese minuto, cualquiera puede ganar. Si lo vemos de esta manera, llegaremos a la conclusión de que es mejor empezar a pensar por nosotros mismos en ese minuto en vez de seguir a los demás. La mayoría, cuando consigue un trabajo, logra que los demás hagan lo mismo. Yo me pregunto: si alguna de estas personas sabe lo que está haciendo pero no lo hace, es porque tenemos la necesidad de encajar. Es decir, no queremos destacar, no queremos que nos despidan, no queremos llamar la atención. Solo somos un número en toda la ecuación.

Pero, se supone, que los seres humanos no vivimos así. Deberíamos arriesgarnos a destacar, a ser diferentes, a pensar diferente y construir en nuestra mente la imagen de cómo nos gustaría ser y lo que debemos hacer para lograrlo. Las grandes personas nunca perdieron el tiempo: Emerson, Edinson, Marconi, todos hicieron algo diferente y se destacaron.

Observa a la persona que ya está haciendo algo bueno con su tiempo y conócela, pídele consejo. Así sabrás lo que te gustaría hacer y a dónde quieres llegar y, sobre todo, habrás aprovechado tu tiempo.

Lecturas recomendadas

El poder de trabajar en ti. Ejercicios para tu bienestar (Raquel Caspi Miller)

El bus de la conciencia (Un ser humano más)

El arte de servir. Ser útil es una bendición (Jacqueline Constancio B.)

Un alma dividida en dos cuerpos (Valeria Maidana)

Frases (Volumen I). Vivir es nadar en un océano lleno de posibilidades (Jenny Arias)

www.ingramcontent.com/pod-product-compliance
Lightning Source LLC
La Vergne TN
LVHW091238150826
845673LV00003B/1200
9786125078896